創造主なる神を知る

すべての信仰を持つ子供たちに神を紹介する児童書

THE SINCERE SEEKER KIDS COLLECTION

God

神は唯一無二の存在です。

神は私たちの創造主です。

神は、私とあなた、私たちの家族、そして他のすべてのものを支配し、世話をしてくださいます。

神は、私たちに食べ物を与え、安全で安心できる、居心地の良い暖かいベッドを与えてくださいます。

神は天のはるか上におられます。

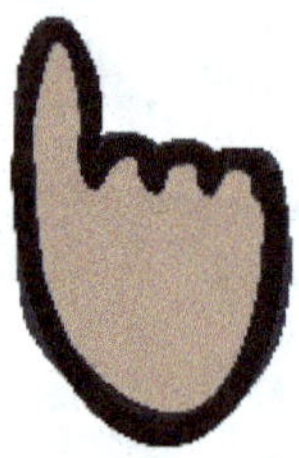

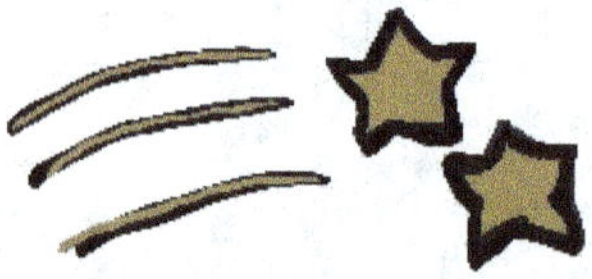

神は大きな惑星と小さな惑星をつくられました。
神は私たちが住むために、地球をつくられました。
神は私たちに光を与えるために、輝く明るい星をつくられました。
神は全宇宙を創造されました。

神は満月をつくられました。
神は、ふわふわの灰色の雲をつくられました。
神は大地に雨を降らせ、栄養を与え、清めます。
神は風をさまざまな方向に吹かせます。
神は太陽を輝かせます。

神は冷たい水とお湯もつくられました。
神は美しい青い川をつくられました。
神は大きな波がある海をつくられました。
神は深くて暗い海をつくられました。
神は波を動かし、波立たせます。

神は背の高い岩山をつくられました。

神は背の低い雪山をつくられました。

神は、私たちが食べるためにバナナの木とオレンジの木をつくられました。

神は私たちが楽しめるよう、さまざまな種類や色の、美しい香りのする花をつくられました。

神は一緒に過ごすために幸せな家族をつくられました。

神は、私たちの世話をし、私たちを愛し、私たちが彼らに親切にするために、愛情深い両親をつくられました。

神は、あなたの世話をし、あなたも彼らの世話をするために、楽しい兄弟姉妹をつくられました。

神は、アフリカゾウやヒグマ、
鋭い歯を持つ緑色のワニ
のような大きな動物をつくられました。

Buzz Buzz
Buzz
Buzzzz

神は小さなてんとう虫やブンブン飛び回る
ハチのような小さな動物をつくられました。
ぴょんぴょん跳ねるバッタや小さなアリ、
空を飛ぶトンボをつくられました。

神は、私たちの体が健康で丈夫に成長するように、栄養価の高い食物をつくられました。
神は、のどが渇いた時のために、おいしい飲み物をつくられました。
紫のブドウ、おいしい焼きたてのパン、黄色いチーズ、ジューシーなチキン、おいしい赤いりんごをつくられました。

神は人々に命を与え、また多くのものを与えてくださいます。
神は私たちに、快適な住む家や
運転する車、遊ぶためのお気に入りのおもちゃ、
物を作るための両手と、歩くための両足、
見るための目、聞くための耳、食べたり話したりする口を
与えてくださいました。

神は、起きていることをすべて
見て、知っています。
神は言われていることをすべて
聞いておられます。

God

神は愛に**満ちて**おられます。
神は私たちを**とても**愛しています。
神は私たちを**とても**大切に思っています。
私たちも神を愛すべきです。

すべての善は神からのもの
神は天と地の光です。
神は人々の心に光をお与えになる。

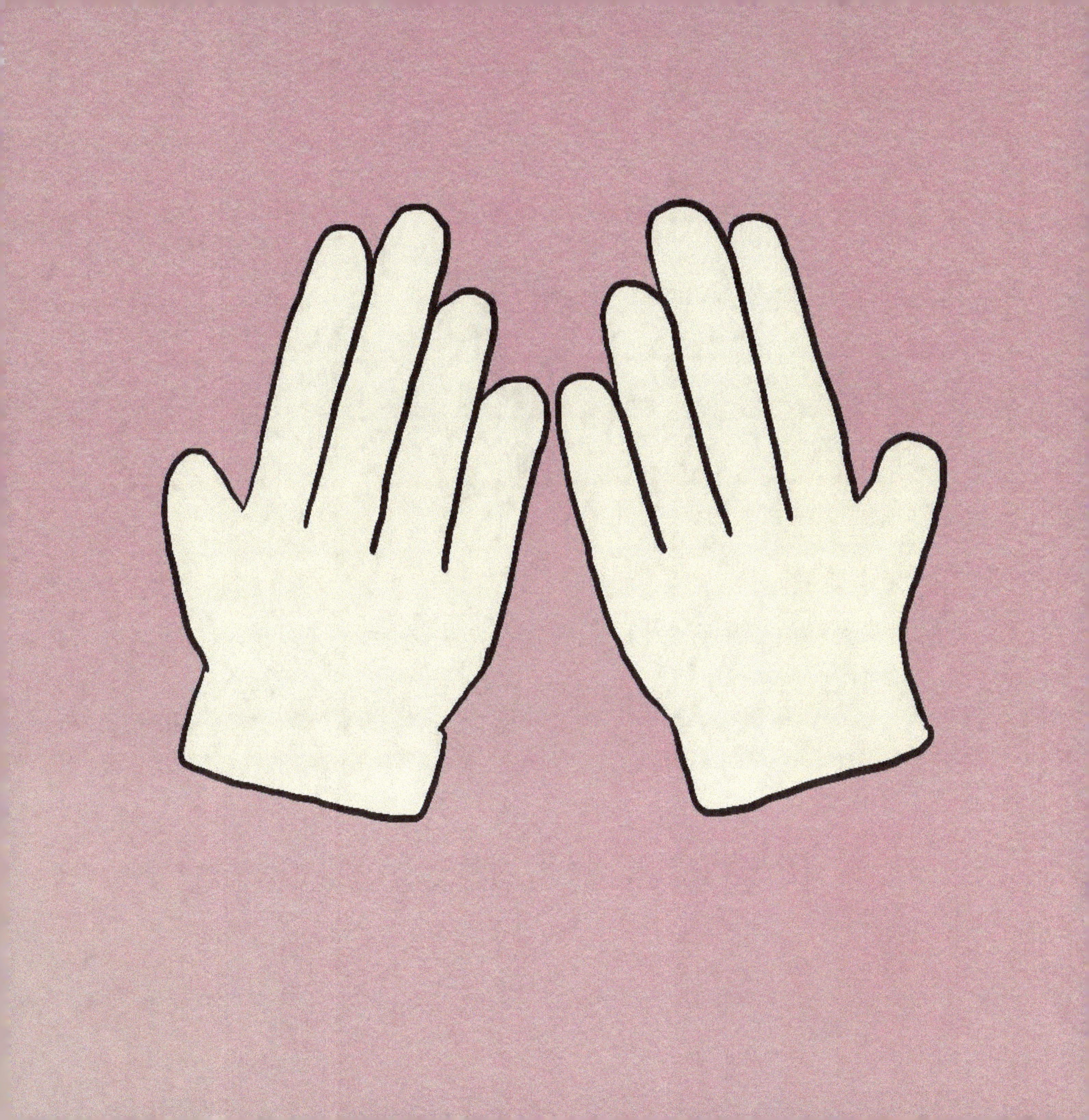

私たちが神に祈るのは、神が私たちをつくられ、私たちを
愛しているからです。
私たちも神を愛しています。
神は、私たちが神に求めるとき、私たちの祈りに答えて
くださいます。
私たちは常に神に語りかけるべきです。

神は善良な人々に、欲しいものがすべて手に入り、幸せに暮らせる楽園を与えてくださいます。

終わり。

www.ingramcontent.com/pod-product-compliance
Lightning Source LLC
Chambersburg PA
CBHW081006140626
46546CB00019B/3460
* 9 7 8 1 9 6 1 7 1 1 3 4 1 *